# UNE

# THÈSE DE DOCTORAT

EN

PHILOSOPHIE SCOLASTIQUE

Extrait de « *L'Université Catholique* »

LYON

LIBRAIRIE ET IMPRIMERIE E. VITTE

*3, place Bellecour, et rue Condé, 30.*

—

1894

UNE

# THÈSE DE DOCTORAT

EN

## PHILOSOPHIE SCOLASTIQUE

———

*Extrait de « L'Université Catholique »*

LYON

LIBRAIRIE ET IMPRIMERIE E. VITTE

*3, place Bellecour, et rue Condé, 30.*

—

1894

UNE

# THÈSE DE DOCTORAT

## EN PHILOSOPHIE SCOLASTIQUE [1]

---

Sommaire : Sujet de la thèse : théorie de la matière et de la forme. Comment il a été traité. — Réflexions sur l'emploi de la langue latine. — Plan de la thèse : nombreuses questions qu'il embrasse. — Doctrines de l'auteur. — Une preuve remarquable du système de la matière et de la forme : mobilité des formes et permanence de la matière dans le règne inorganique ; permanence des formes et mobilité de la matière dans les règnes vivants. — La métaphysique de l'école n'est pas responsable des erreurs de l'ancienne physique. — Rapports de la métaphysique et des sciences.
Examen de quelques points de détail : Peut-on dire que la philosophie de la nature est une science *idéale?* — Divers sens de cette expression : *philosophie des sciences.* — On ne peut douter que le sang soit animé et appartienne à la substance même du corps. — Observation sur le Précieux Sang. Le système de la matière et de la forme ne peut être assimilé à une simple hypothèse.
Examen de quelques opinions controversées entre scolastiques : La distinction de l'essence et de l'existence dans les créatures — La distinction des parties dans le continu. — Certaines âmes inférieures et la divisibilité — Rôle des causes secondes dans la production des êtres vivants. — Nature des germes : quelle est leur forme substantielle? — Le principe d'individuation. Un dernier mot sur la thèse.

Le 27 juin, M. l'abbé Mielle, ancien élève des facultés catholiques de Lyon et professeur de philosophie au grand

---

(1) *De substantiæ corporalis vi et ratione* secundum Aristotelis doctorumque scholasticorum sententiam dissertatio metaphysica quam apud facultatem theologicam lugdunensem propugnabat Paulus Mielle, philosophiæ, S. theologiæ jurisque canonici licenciatus, in seminario clericorum lingonensi professor. Lingonis. Ex typis Rallet-Bideaud. Gr. in-8, xxvii-431 p.

séminaire de Langres, soutenait avec distinction devant la faculté de Lyon sa thèse de doctorat en philosophie. Notre intention n'est pas précisément de rendre compte ici de la soutenance (1), mais plutôt de faire connaître la thèse elle-même, qui est une œuvre remarquable et ouvre enfin, nous l'espérons, une série qui sera nombreuse et brillante.

Disons tout de suite que l'auteur, dont tous ses anciens maîtres avaient gardé un si bon souvenir, a réalisé toutes leurs espérances. Après douze années d'enseignement, il leur apporte une œuvre digne de cette longue préparation et qui le place parmi les maîtres de l'enseignement de la philosophie chrétienne et scolastique.

La question qu'il avait choisie est des plus importantes, des plus vastes, des plus difficiles à traiter, quand on veut non seulement atteindre, autant qu'il est possible, le fond des choses, mais encore n'omettre, pour les exposer et les discuter, aucune des opinions anciennes ou modernes et même contemporaines qui appartiennent à l'histoire du sujet. Il s'agit, en effet, de la théorie de la matière et de la forme, qui est à la base de la métaphysique de la nature et intéresse essentiellement toutes les autres parties de la philosophie. On peut dire que cette question majeure résume de quelque manière toute la philosophie de l'école et fournit les explications les plus profondes et les plus utiles à la théologie elle-même. Or M. Mielle l'a traitée avec une ampleur, avec un savoir, avec un esprit de discernement et de criti-

(1) Elle a eu lieu le matin et le soir. Le matin, le candidat avait à répondre sur toute la philosophie ; la discussion, *en latin*, a porté principalement sur les points suivants : le principe vital — la liberté du Créateur — la nature du continu. Y ont pris part les RR. PP. Dumas et Belon et M. l'abbé Elie Blanc. La soutenance du soir (elle avait lieu *en français*) avait réuni une assistance d'élite attirée par un spectacle auquel on n'était plus habitué depuis longtemps. Les explications données par le candidat et la discussion ont porté sur les principaux points de la thèse ; citons surtout les suivants : la certitude de la théorie de la matière et de la forme et, en général, le caractère scientifique de la philosophie de la nature ; — l'unité de la forme substantielle dans l'homme : — la nature des germes et le principe d'individuation.

que, qui laisseraient peu à désirer, l'ouvrage fût-il signé de
l'un des maîtres qui occupent des chaires de philosophie
dans les facultés les plus estimées d'Italie ou d'Allemagne.
A plus forte raison, ces mérites sont-ils dignes d'éloge,
lorsque l'auteur, jeune encore, occupe une modeste chaire
de philosophie dans l'un de nos grands séminaires de
France. Bien qu'il n'ait pas eu à sa portée de riches bibliothèques publiques, il a étendu bien au-delà des limites
communes le cercle de ses lectures. On rencontre facilement, dans cette thèse, telles pages et même telles lignes
qui supposent que l'auteur a lu et critiqué plusieurs volu-
mes. On sent que les maîtres dont il s'entoure lui sont
familiers. Avec les seuls ouvrages et les seules revues qu'il
cite et dont il donne souvent des analyses ou des extraits,
on composerait une fort belle bibliothèque de philosophie
ancienne et contemporaine. Et combien il serait à désirer
que tous nos professeurs de philosophie, dans nos séminaires et dans nos collèges ecclésiastiques, en eussent d'aussi
bien choisies à leur disposition ! Ils pourraient y butiner
tous les jours et enrichir constamment leurs cahiers et
leurs leçons.

Des lectures assidues et poursuivies méthodiquement
expliquent donc la valeur de cette thèse. Sans doute, l'auteur aurait pu composer une œuvre plus originale ; mais il
ne se l'est pas proposé, comme il le déclare lui-même dans
une modeste préface ; et nous ne l'en blâmerons point. En
ces matières, il lui eût été plus facile de dire des choses
nouvelles que des choses justes, de se créer des opinions
personnelles également curieuses et contestables que d'exposer et de critiquer les opinions des grands maîtres de la
scolastique et de leurs contradicteurs modernes.

L'auteur aurait pu aussi écrire sa thèse en français, de
préférence au latin ; et il n'eût pas été inutile ni téméraire
de traduire les théories les plus profondes de l'école en
notre belle langue française, qui tient sa clarté comme sa
profondeur du latin scolastique et qui sait se proportionner à
toutes les idées. L'emploi du français offrait même cet
avantage de rendre l'ouvrage accessible, disons même

attrayant, à un plus grand nombre de lecteurs. Mais nous
ne le blâmerons pas cependant d'avoir préféré la langue
ecclésiastique, dans laquelle d'ailleurs il écrit avec élégance,
et qui permettra à cette thèse de mieux passer nos frontières pour se faire connaître des étrangers. Avouons
aussi que, sous cette forme austère et quelque peu ésoté-
rique, elle obtiendra mieux l'estime de ceux qui refuseraient
encore de croire que la scolastique ne perd rien à s'expri-
mer dans la langue de Descartes. Ils ne voient pas que la
doctrine de l'école ne triomphera qu'à la condition de parler la langue de ses adversaires. Cette langue a été la nôtre
avant d'être la leur et ils la défigureraient bientôt, si nous
ne la sauvions de leurs entreprises philosophiques, désas-
treuses pour la parole, qu'elles obscurcissent, après l'avoir
été pour la pensée, qu'elles faussent.

Nous aimerions donc que cette thèse fût conçue et
écrite en français après l'avoir été en latin. Elle suppor-
terait fort bien cette épreuve, à laquelle un ouvrage
médiocre ne résisterait pas, et plairait ainsi également à
deux catégories de lecteurs et d'amis de la philosophie
chrétienne, dont les uns se défient trop du latin et les
autres se défient trop du français.

Mais venons, sans plus de retard, au fond même de la
thèse, c'est-à-dire aux idées, dont la langue n'est que l'expression. Voici d'abord dans quel plan général elles
viennent se ranger. Après un court et substantiel avant-
propos sur la philosophie de la nature et un premier chapitre que l'on peut regarder encore comme préliminaire,
l'auteur traite spécialement des points suivants : histoire
de l'atomisme et du dynamisme depuis les origines de la
philosophie jusqu'à nos jours ; — premiers fondements du
système péripatéticien et scolastique de la composition des
corps ; — de la matière première et de la forme substantielle, de leurs attributs et de leurs effets ou de leur rôle
respectif ; du composé substantiel qui résulte de leur union
et des accidents qui l'ont pour sujet ; — de la génération
et de ses espèces, de ses causes et de son effet, de l'unité
de la forme substantielle, de la hiérarchie des formes ; —

histoire du système de la matière et de la forme depuis ses origines jusqu'à son parfait développement, suivi d'une longue éclipse et de la réapparition à laquelle nous assistons ; — démonstration complète et détaillée de ce système. Le chapitre consacré à cette démonstration ne comprend pas moins de 140 pages. Le neuvième et dernier est rempli par des réflexions fort judicieuses sur les relations du système scolastique avec les sciences physiques.

Ce plan rapide nous permet déjà de mieux mesurer l'étendue du sujet traité par l'auteur. Au cours de son étude, il rencontre une foule d'opinions controversées entre les anciens scolastiques, comme aussi un grand nombre d'opinions émises dans des ouvrages récents ou dans les revues de philosophie : toutes sont abordées résolument, s'il y a lieu, et savamment discutées, sinon toujours résolues au gré du lecteur.

M. Mielle se montre d'ordinaire très fidèle aux doctrines de saint Thomas ou du moins à celles qu'on lui attribue ; mais cette fidélité est éclairée. Nous l'en louerons d'autant plus librement que nos opinions ne coïncident pas toujours avec les siennes : nous affirmerions tantôt plus et tantôt moins. Il critique assez souvent les opinions métaphysiques de Suarez : il affirme contre lui et avec saint Thomas que l'essence réelle dans les créatures diffère de leur existence ; il pense également, et avec plus de raison encore, que la matière ne peut pas exister sans la forme. Il se montre non moins défavorable à la plupart des opinions de Scot ; il n'admet d'aucune façon la présence d'une matière dans les esprits : ils sont composés seulement de puissance et d'acte. Il tient pour l'unité de la forme substantielle dans les êtres et en particulier dans l'homme. Toutefois, ce n'est pas du côté de la forme qu'il cherche le principe d'individuation dans les êtres corporels, mais plutôt du côté de la matière, en tant qu'elle est marquée par la quantité : *signata quantitate*. On voit déjà, par ces premières indications, dans quel rang des scolastiques il se place résolument.

Il établit d'ailleurs très bien toutes les doctrines essentielles de l'école ; et non seulement il les justifie, mais encore il les persuade, en montrant du point de vue le plus élevé la raison dernière de chacune et l'accord invariable de toutes. Cet accord et la lumière qu'elles se prêtent mutuellement, permettent de sonder à des profondeurs inconnues dans les autres systèmes toutes les questions philosophiques et de découvrir les analogies les plus secrètes des choses.

La théorie de la matière et de la forme en particulier s'éclaire de toutes les autres et les explique à son tour. L'auteur en fait à propos et très bien l'historique, qui, à lui seul vaut une démonstration. Indiquée par Socrate, proposée de quelque manière par Platon, qui l'a trop idéalisée, cette théorie a été définie et esquissée par le génie d'Aristote. Méconnue ensuite ou dénaturée par les stoïciens, mais conservée par les Pères de l'Eglise, qui ne purent la développer, absorbés qu'ils étaient par les questions proprement théologiques, nous la voyons se constituer dans toutes ses parties et acquérir sa juste importance, grâce surtout aux travaux des grands scolastiques, jusqu'à ce que l'Eglise l'adopte, pour ainsi dire, et définisse, au concile de Vienne, que le corps et l'âme sont unis dans l'homme comme la matière et la forme.

On ne peut récapituler ici toutes les preuves et toutes les considérations sur lesquelles elle s'appuie : d'ailleurs c'est leur ensemble surtout qui fait leur force. Nous indiquerons cependant un argument remarquable entre tous, parce qu'il tire sa valeur d'une double et singulière opposition qui existe entre la matière et la forme, lorsqu'on les considère successivement dans les corps inanimés et dans les corps vivants. Dans les corps inanimés, en effet, les formes succèdent aux formes avec une facilité parfois surprenante : il suffit d'une étincelle pour réduire une forêt en cendres ; certains composés chimiques sont si instables qu'ils s'altèrent à vue d'œil et se transforment même avec une rapidité foudroyante, rapidité trop connue peut-être, puisque c'est sur elle que se fonde l'emploi des explosifs. Or, parmi toutes ces transformations, communes ou savantes, inoffensives ou terribles, qui s'opèrent dans la nature ou dans nos laboratoires, la matière demeure invariablement égale à elle-même, sans augmentation ni diminution : sa permanence est absolue. Et la science contemporaine a précisément démontré que rien ne se crée et que rien ne se perd dans l'ordre présent des choses : ni un grain de sable, ni une goutte d'eau, ni une bulle d'air. La matière peut perdre ou acquérir successivement toutes les formes, mais il est impossible de la supprimer elle-même en la dépossédant de l'existence. La matière est donc bien distincte, bien différente de la forme : à certains égards, on ne peut rien concevoir de plus opposé.

Mais voici que, d'autre part, si nous considérons les êtres vivants, nous assistons à un spectacle inverse et plus curieux encore, qui démontre exactement, par une voie contraire, la même vérité : je veux dire que c'est la matière alors qui fait preuve d'une mobilité extrême, au lieu que la forme persévère comme l'essence même des choses. Nous voyons, en effet, que la matière circule d'une manière incessante et souvent avec une rapidité incroyable dans les tissus profonds de l'animal, tandis que l'animal ne change pas lui-même, mais garde invariablement son unité et son identité. En quelques années, en quelques mois, les molécules qui composent le sang, les chairs, etc., sont usées par la vie, pour ainsi dire : elles sont comme filtrées et éliminées pour faire place à une matière nouvelle et toute jeune ; par la respiration et la circulation du sang, par toutes les fonctions de nutrition, le corps vivant est toujours en mouvement, ne cessant de devenir et de se refaire ; il lutte avec le milieu et ne triomphe que par de continuels échanges avec lui : la vie est comme un feu qui tout à la fois l'entretient et le consume. Une seule réalité persiste, et grâce précisément à tous ces changements : c'est la vie elle-même et, avec elle, la forme substantielle qui en est le premier principe. Depuis la première enfance jusqu'à l'extrême vieillesse, c'est la même nature, c'est le même individu, c'est la même personne ; le type est immuable. Et si l'individu meurt, l'espèce demeure, elle est immortelle de sa nature. On le voit donc, la forme substantielle est rigoureusement permanente chez les êtres vivants, alors que la matière est extrêmement mobile ; et cette opposition frappante prouve encore une fois la vérité déjà établie, la distinction de la matière et de la forme dans les composés.

Cet argument et autres semblables sont de véritables démonstrations. Qu'importe ensuite que les scolastiques du moyen âge aient mêlé au système de la matière et de la forme des considérations étrangères ou accessoires, qui ont contribué à le discréditer ! Qu'importe, par exemple, la théorie des quatre éléments : terre, eau, air, feu ; celle de la quintessence et des cieux incorruptibles ; celle des quatre qualités prétendues premières : le chaud, le froid, le sec et l'humide ; celle de l'influence décisive des astres sur la génération de certains animaux réputés indistinctement inférieurs : les vers, les grenouilles et les rats, etc. ! Ce sont là des scories de l'ancienne physique, ou des vêtements démodés, devenus ridicules aujourd'hui, de l'ancienne métaphysique, qui ne vieillit pas, pour changer de costume ; elle n'a qu'à dépouiller cet accoutrement dont l'embarrassaient les savants d'autrefois, pour nous apparaître plus belle, plus jeune et plus indispensable que jamais à l'esprit humain.

Gardons-nous de la compromettre, à notre tour, en l'associant aux hypothèses d'une certaine science contemporaine, qui seront discréditées et même tournées en ridicule un peu plus tard. En répudiant les erreurs de l'ancienne physique, il faut ne sacrifier aucun principe de métaphysique et n'adopter aucune erreur de la physique contemporaine. Ce serait, par exemple, se tromper en métaphysique que de penser avec certains savants, qui sortent de leur domaine et empiètent sur le nôtre, que tout se réduit dans la nature à des mouvements, et que les qualités que nous attribuons aux corps sont purement subjectives. M. Mielle n'admet point ces prétentions : il maintient même contre certains philosophes d'ailleurs favorables à la scolastique l'objectivité de toutes les qualités perçues par nos sens, tout en faisant de justes concessions au sujet d'une certaine relativité des informations sensibles. Il ne nous paraît pas que ses scrupules soient exagérés et nous ne pensons pas non plus qu'aucune de ses concessions soit injuste. Il remarque fort bien, contre certains partisans exagérés de la méthode psychologique, que la philosophie de la nature ne relève pas de celle-ci, mais plutôt de la métaphysique, comme aussi de l'observation extérieure. Les réflexions par lesquelles il termine son ouvrage, sur les vrais rapports de la métaphysique et des sciences, sont fort judicieuses. Métaphysicien et savant sont libres chacun dans son domaine; et s'ils doivent, en outre, jeter souvent les yeux au delà de leurs propres frontières afin de s'orienter et de régler la culture de leur savoir respectif sur le progrès général, ils ne doivent jamais empiéter sur le champ d'autrui. Que le savant s'abstienne donc d'affirmer absolument certaines hypothèses qui, sans être précisément en désaccord avec les faits, ne sont pas cependant démontrées par eux et qui d'ailleurs sont incompatibles avec les conclusions métaphysiques les plus certaines. Que les métaphysiciens, d'autre part, ne s'aventurent plus à trancher *à priori* des questions qui ne sont pas de leur ressort. Il faut que les uns et les autres s'accordent un mutuel crédit, une mutuelle confiance : la philosophie et les sciences profiteront également de ce respect mutuel et de ces rapports d'amitié.

*<br>* *

Il nous reste, pour faire connaître cette thèse comme il convient, à critiquer quelques points de détail et surtout à discuter brièvement plusieurs des opinions pour lesquelles l'auteur a pris parti. Ses adversaires pourraient demander peut-être que leur cause fût mieux entendue et nous tâcherons de leur donner quelque satisfaction, sans nous ranger toujours pour cela de leur côté.

Voici d'abord nos critiques de détail : elles portent sur les expressions plutôt que sur les pensées mêmes.

Nous ne consentirions pas, avec M. Berthelot, à dire que la philosophie de la nature est une *science idéale* (p. II, Avant-propos). Sans doute, elle se distingue profondément des sciences physiques et naturelles, appelées quelquefois *positives*, par opposition aux sciences qui relèvent davantage du raisonnement ; mais son objet n'en est pas pour cela moins réel que le leur. Or il faut qualifier ici les sciences d'après leur objet plutôt que d'après leur méthode. Seule la logique, à cause de son objet, paraît mériter la qualification d'*idéale*, parce que seule elle n'est directement que la science des idées, de leurs rapports, du raisonnement et, en un mot, de la pensée.

On peut trouver aussi que le nom de *philosophie des sciences* (ibid.) appliqué à la métaphysique de la nature est trop équivoque. Par la philosophie des sciences, en effet, on peut entendre tantôt, comme le fait M. Mielle, la métaphysique dans ses rapports avec les sciences, tantôt les généralités scientifiques et tantôt la classification des sciences. Or ces trois ordres de connaissances sont fort distincts, et le second n'est pas, à proprement parler, philosophique, bien que les positivistes aient paru tenter d'y découvrir toute la philosophie.

L'observation suivante intéresse également la théologie et la philosophie. L'auteur paraît supposer (p. 232) que le sang ne fait pas encore partie de la substance du corps : sa forme substantielle ne serait donc point l'âme, il ne serait pas encore animé. Si notre mémoire ne nous trompe pas, nous avons rencontré cette opinion formellement exprimée dans un ouvrage de philosophie récent. Or cela ne peut se soutenir ni en philosophie ni en théologie. Le sang, en effet, est vivant dans le cœur et les veines, il entretient la vie : comment pourrait-il manquer de ce qu'il donne immédiatement ? On peut le comparer, il est vrai, à un aliment circulant dans le corps ; mais cet aliment est déjà assimilé, bien qu'il n'ait pas reçu encore son dernier emploi. On ne saurait donc le confondre avec les aliments proprement dits (le bol alimentaire par exemple) qui ne sont pas encore assimilés, bien qu'ils aient été ingérés, ni

avec les humeurs en voie d'élimination. Des anciens avaient
même regardé le sang comme le siège exclusif de l'âme,
tant le rôle vital et essentiel qu'il remplit est évident.
C'était là une erreur, provenant d'une observation super-
ficielle ; mais l'erreur contraire est peut-être plus grave
encore. Elle créerait au théologien des difficultés particu-
lières à cause de la dévotion au Précieux Sang. Car il ne
suffit pas de répondre que le sang de N.-S. mériterait encore nos adorations comme uni hypostatiquement au Verbe
divin. La théologie, en effet, nous enseigne que le sang de
Notre-Seigneur est à la fois divin et humain : divin par
l'union hypostatique ; humain par la présence de l'âme ou
l'animation. Il y a plus : bien que l'animation n'ait pas
précédé temporellement l'union hypostatique, il faut main-
tenir cependant que le Verbe divin n'a pris le corps que
*mediante anima* (1). Il est vrai que le Verbe n'a jamais dé-
laissé ensuite le corps humain qu'il s'était associé : celui-ci
a donc perdu l'âme, par la mort, sans perdre sa divinité.
Mais la condition première de l'union hypostatique n'en
reste pas moins l'animation du corps par l'âme. On ne
saurait faire ici d'exception en ce qui concerne le sang.
Disons même que le sang, eu égard au sacrifice exigé pour
notre rédemption, devait être moins excepté que tout le
reste : pour que son effusion eût un prix infini et nous fût
parfaitement applicable, il devait être également, et comme
le Rédempteur lui-même, humain et divin : il devait être
animé par l'âme et subsister dans la personne du Verbe.

L'observation suivante intéresse mieux le fond de la
thèse. M. Mielle paraît accorder, d'une manière incidente,
que Dieu aurait pu, absolument parlant, créer le monde
matériel selon le système atomiste ou selon le système
dynamiste (p. 411). Or cette concession serait excessive,
si elle équivalait à déclarer indirectement que tous les ar-
guments en faveur du système de la matière et de la forme
n'ont qu'une valeur probable. Nous ne voyons pas, il est
vrai, que la physique et la chimie présentes soient im-

______

(1) Cf. Th. 3ᵃ q. 6.

muables : Dieu aurait pu, semble-t-il, donner à la matière
d'autres propriétés ou l'assujettir à d'autres lois physiques.
Ici donc nous n'aurions pas à contredire la contingence
des lois soutenue par Descartes. Mais nous ne croirons
jamais qu'il puisse y avoir une autre géométrie ni une
autre métaphysique de la nature.

.·.

Venons maintenant aux opinions controversées entre
scolastiques. Le peu qu'il nous est permis d'en dire ici,
est de nature à piquer la curiosité des amateurs de philosophie plutôt qu'à la satisfaire. M. Mielle, on l'a déjà vu,
ne refuse pas d'aborder, ni même de trancher, les questions les plus profondes, les plus subtiles, les plus vive-
ment agitées dans l'école. Aussi tous les scolastiques
n'adhéreront-ils pas sans réserve à son sentiment, notam-
ment sur la distinction de l'essence réelle et de l'existence, — sur la nature et les parties du continu, — sur
certains caractères des espèces sensibles et de la sensation, — sur le rôle du germe dans la génération, — enfin
sur le principe d'individuation.

Au sujet de la distinction de l'essence et de l'existence
dans les créatures, plusieurs nient, avec Suarez, que cette
distinction soit réelle ; d'autres s'abstiennent de nier comme
d'affirmer : ils pensent que la réalité de cette distinction
ne se démontre pas, en philosophie tout au moins. Et si
on leur objecte qu'en doutant de cette distinction, ils
ébranlent bon nombre de thèses de métaphysique, ils ré-
pondent que leur doute ne compromet rien de grave du
moment qu'ils affirment, d'autre part, — et qui pourrait
le nier ? — que l'essence idéale de la créature ou sa définition n'implique aucunement son existence. De Dieu seul
on peut et l'on doit dire que son essence est d'exister :
cette vérité-là est seule ici indispensable. Au delà nous
n'avons plus, semble-t-il, surtout si l'on s'en tient aux
raisons philosophiques, qu'une belle hypothèse : elle nous
éclaire encore, mais sans dissiper nos doutes.

La question du continu n'est pas moins controversée, et elle est peut-être plus insoluble encore. Comment expliquer d'une manière tout à fait satisfaisante le continu et ses effets, si ses parties ne sont pas distinctes *actu*, au moins d'une manière incomplète ; si le continu n'est composé qu'*en puissance*, s'il n'a pas de parties actuelles? Or c'est là le sentiment partagé par l'auteur de la thèse. Comment soutenir que dans un atome, par exemple, la gauche n'est pas *actu* distincte de la droite? Comment soutenir que le commencement et la fin d'une ligne continue, si petite soit-elle, sont indistincts, je ne dis pas à nos regards, mais en eux-mêmes? Ces continus élémentaires, ces atomes si l'on veut, actuellement sans parties, et d'où résulterait tout l'univers sensible, ressembleraient bien vite, semble-t-il, à des monades imitées de celles de Leibniz. Il suffirait de supposer dans ces monades, sans parties actuelles, la puissance de se distinguer, à mesure qu'elles agissent, en parties toujours plus nombreuses et indéfinies, qui leur permettraient — je ne dis pas d'occuper — mais de dé-terminer l'étendue et l'espace. Mais comment des continus élémentaires sans parties actuelles et analogues, sous ce rapport, à des monades simples, pourraient-ils déterminer l'espace au dehors de nous et en produire la sensation au dedans? Ne vaudrait-il pas mieux dire que la multipli-cité actuelle, quoique non infinie (le seul continu mathé-matique est divisible à l'infini), des parties réelles du con-tinu, est un fait premier qui s'impose à l'expérience et qui, de sa nature, est antérieur à toute action des corps et des atomes? Et n'est-ce pas ce que semble impliquer cette définition de la quantité : *partium extra partes positio;* et cette autre : *ordo partium in toto?* Comment y aurait-il un ordre entre parties indistinctes actuellement? L'ordre vient essentiellement de la distinction. Comment ces par-ties seraient-elles hors les unes des autres ?

Quoi qu'il en soit, il nous paraît impossible de refuser aux parties du continu toute distinction actuelle. Car il en est de la distinction comme de l'être même : *Ens et aliquid convertuntur*, c'est-à-dire que tout être est quelque chose et

que toute chose distincte est un être; le néant, au contraire,
est indistinct et l'indistinct est néant comme tel. Si donc les
parties du continu sont indistinctes à tous égards, c'est
qu'elles ne sont pas. Mais que devient alors le tout qu'elles
composent ? Et l'on ne pourrait d'aucune manière invoquer
ici l'attention ou quelque considération de l'esprit pour
distinguer les parties du continu et lui donner par là sa
réalité. Quelque distinction des parties du continu est
antérieure à l'opération de la pensée, ou bien il faudrait
dire, avec Kant, que ce continu est une création de la
pensée ou plutôt, selon sa formule, une *forme à priori de
la sensibilité*.

L'hypothèse que nous critiquons rencontre des difficultés
particulièrement graves, si l'on suppose, à la suite de
savants et de philosophes, que l'univers formait à l'origine
un tout parfaitement continu, une seule et même masse
homogène et indistincte. Comment, en effet, des parties
encore indistinctes auraient-elles pu agir les unes sur les
autres ? L'action suit l'être, et elle doit suivre de même la
distinction : *Ens et aliquid convertuntur*. Ce n'est donc pas
l'action des parties de l'univers les unes sur les autres
qui a fait leur distinction ; mais c'est plutôt leur distinction
antérieure qui a permis leurs actions réciproques.

D'un problème de métaphysique passons à un problème
de psychologie. M. Mielle croit pouvoir dire, avec plusieurs
scolastiques de notre temps, que l'*espèce sensible* et la *sensation* sont non seulement matérielles, mais encore *étendues*.
D'autres maintiendront, au contraire, que l'espèce sensible et la sensation sont inétendues, n'étant divisibles
que dans leurs objets, leur matière ou leurs causes. Sans
doute le sujet de la sensation ou le composé sentant est
étendu, et l'âme sensible n'est donnée qu'en informant
l'organe, qui lui-même est étendu. Mais, si l'âme sensible
ne connaît qu'autant qu'elle est unie à l'organe et ne forme
avec lui qu'un même sujet, il ne faut pas oublier que
cette union est essentielle ; ce n'est pas une juxtaposition
ni même une simple compénétration ou un contact, si
intime soit-il : c'est l'union dans une même substance ;

cette union est donc *in indivisibili*. Or c'est au point précis, pour ainsi dire, où elle a lieu, qu'il faut placer la sensation, avec l'espèce sensible qui la détermine et le sens qui l'exerce et en est le sujet. Mieux vaut donc les regarder comme inétendus ainsi que l'âme elle-même.

M. Mielle rencontre des difficultés semblables en regardant comme divisibles *per accidens* les âmes de certains animaux inférieurs. — Quelle nécessité, dira plus d'un scolastique, d'accorder cette divisibilité? Si vous divisez tels vers ou mieux encore une hydre en deux, vous ne divisez pas précisément le même animal en deux, mais vous démembrez plutôt un premier animal pour en faire un second : le second est produit du premier par voie de *scissiparité* au lieu de l'être par voie de génération proprement dite, voilà tout. Mais le premier individu subsiste : il n'a pas disparu pour faire place à deux nouveaux. Nous supposons, bien entendu, que l'être ainsi divisé ne formait pas déjà une colonie ; car alors la séparation ne ferait que mettre en évidence des individualités déjà existantes.

Cette question touche à celle de la génération, qui en soulève à elle seule une foule d'autres très mystérieuses et très controversées. Que penser d'abord du rôle des causes secondes dans la production des êtres vivants? Sont-elles seulement des causes instrumentales, comme plusieurs paraissent l'affirmer, ou ne sont-elles pas plutôt des causes vraiment efficientes et principales, bien qu'on doive les qualifier d'instrumentales par rapport à Dieu, en tant que Dieu est cause première et suréminente? Cette dernière supposition paraît la seule soutenable. Les êtres vivants produisent leurs semblables, et cette similitude est à elle seule une preuve suffisante qu'ils remplissent vraiment le rôle de cause efficiente et principale. Est-ce que l'effet se modèle jamais sur l'instrument? Est-ce que le tableau et la statue, par exemple, représentent le pinceau et le ciseau dont se sont servis le peintre et le sculpteur? Ils représentent plutôt la pensée, l'idéal de l'artiste, cause principale et efficiente. De même dans la génération, où les auteurs créés agissent, il est vrai, en vertu de leur nature plutôt qu'en vertu de leur libre volonté ; ce qui permet encore de les assimiler en quelque manière à de simples instruments, puisque l'effet dépasse infiniment leur connaissance et partant leur causalité libre. Mais ces considérations accessoires n'ébranlent pas le principe que nous avons reconnu.

En voici d'ailleurs une autre preuve. S'il est vrai que la causalité de l'être se proportionne à sa perfection, comment refuserions-nous aux êtres vivants d'être les causes principales et efficientes de leurs semblables ? Ce rôle de cause efficiente et principale, les substances inanimées le remplissent les unes par rapport aux autres, et l'on ne voit pas que les corps vivants doivent être exceptés. Il n'est pas plus étonnant qu'un poisson produise un poisson, qu'il n'est étonnant que le feu se communique, ou que de l'oxygène et de l'hydrogène produisent de l'eau.

Il est vrai que cette question des causes de la génération se complique et s'obscurcit étrangement, si on l'étudie de plus près. Car les êtres vivants ne produisent pas d'ordinaire leur semblable immédiatement ; mais ils produisent d'abord un germe ou un ovule qui, fécondé, et laissé souvent à lui-même, évolue et devient un être parfait. Le grain de blé, par exemple, reproduit la plante qui l'a porté ; l'œuf de poule produit un poussin. L'œuf de poisson offre un spectacle encore plus étonnant : isolé de bonne heure et n'ayant que des proportions microscopiques, il est fécondé et évolue selon les mêmes lois que les autres créatures vivantes. Or il s'agit de savoir si tous ces germes, ovules fécondés, embryons, etc., ont, dès l'origine, la vie propre à leur espèce. A coup sûr, ils n'ont pas la vie en exercice (*in actu secundo*); s'ils ont la vie, elle sommeille.

A coup sûr encore, ils ont une vertu vitale active, une force de développement que la suite manifeste et qui n'attend, pour agir, que d'être provoquée du dehors par des agents purement physiques, comme la chaleur. On sait, par exemple, que les œufs doivent être couvés, mais que la poule peut être remplacée par une couveuse artificielle. Mais il s'agit de savoir si, outre cette vertu vitale, ils ont la vie substantielle (*in actu primo*), c'est-à-dire la forme substantielle d'être vivant ; elle seule peut les placer dans le règne animal et les différencier essentiellement de la matière minérale. Ne seraient-ils, au contraire, que des instruments, une portion de matière élaborée et pourvue d'une vertu particulière de développement ?

Cette seconde hypothèse n'est soutenable, croyons-nous, que si l'on revient à l'opinion rejetée tout à l'heure, savoir que les causes secondes ne sont que des causes instrumentales en ce qui concerne la génération. Mais, outre les difficultés déjà signalées, en voici de bien graves encore. On ne conçoit pas qu'une vertu vitale puisse résider dans un sujet qui ne soit pas une substance vivante : autant vaudrait dire alors que la pensée peut être donnée dans une matière ; la sensation, dans une plante ; la raison, dans un animal. *Telle faculté, telle nature.* Si donc le germe a une vertu vitale qui lui permette d'organiser une plante ou un animal, c'est qu'il a préalablement la forme substantielle d'être vivant, il a déjà la forme substantielle de cette plante ou de cet animal. D'ailleurs on ne conçoit pas qu'une vertu vitale, qui n'est qu'un accident, puisse produire par elle-même une substance vivante, comme cela paraît arriver dans l'évolution du germe : son action n'est efficace et même possible qu'autant qu'une substance vivante agit par elle et la soutient comme son sujet naturel. Qu'on ne dise donc pas ici qu'elle agirait instrumentalement : de quelle cause principale, en effet, serait-elle le moyen d'action ? La plante qui a donné le grain de blé est desséchée et brûlée ; le poisson qui a produit ou fécondé l'ovule n'existe plus. Comment d'ailleurs agiraient-ils à distance ? Ces causes efficientes et principales de la génération ne peuvent donc reproduire leurs semblables qu'en communiquant immédiatement leur propre nature. S'il y a une interruption, la transmission de la vie n'est plus possible, à moins de recourir à une intervention spéciale de Dieu, qu'on ne peut raisonnablement invoquer ici. Car ce serait transporter dans les règnes vivants une sorte d'occasionnalisme restreint, qui justifierait facilement l'occasionnalisme universel.

Mais nul n'a plus combattu l'occasionnalisme que saint Thomas et les scolastiques. C'est donc se montrer fidèle à leurs principes que de soutenir que les créatures vivantes commmuniquent immédiatement leur nature et qu'elles sont les causes efficientes et principales de leurs semblables. Si les anciens scolastiques ont hésité sur ce point et imaginé parfois d'étranges hypothèses, c'est que la connaissance des germes et de leur rôle était encore trop peu accessible aux savants de leur époque.

Ces mêmes raisons nous ont fait rejeter l'hypothèse de la succession des âmes végétative et sensitive dans la génération humaine (1). Nous n'avons pas souscrit cependant à l'hypothèse de l'animation immédiate, qui offre des inconvénients particuliers tirés de l'âme raisonnable. Les êtres humains ne peuvent transmettre leur nature spirituelle, qui échappe comme telle à la génération; mais ils transmettent immédiatement toute leur nature sensible, avec les qualités héréditaires qui la distinguent. Dieu crée l'âme ensuite et l'unit instantanément à ce corps suffisamment formé, au moment marqué par les lois de la nature.

Il nous reste à parler du principe d'individuation. Ici encore les scolastiques sont loin d'être unanimes. M. Mielle pense que les êtres matériels sont individués par la matière *signata quantitate*. Cette opinion est commune parmi les thomistes, qui l'appuient sur des raisons profondes. Mais on conçoit qu'elle soulève de graves objections. Pourquoi la forme ne serait-elle pas plutôt que la matière le principe d'individuation ? N'est-elle pas déjà le principe de l'unité et de l'identité, en dehors desquelles il n'y a pas d'individualité possible? Et il ne suffirait pas de répondre ici que la forme substantielle donne l'unité *spécifique*, tandis que la matière donne l'unité *numérique* ou individuelle : ainsi, dans l'homme, l'âme raisonnable donnerait d'être homme, et la matière ou le corps donnerait d'être telle personne de l'espèce humaine. Car on peut répondre que la forme dont il s'agit n'est pas un des universaux : elle n'est pas une

(1) *Traité de philosophie scolastique*; 2ᵉ ed. 1895.

essence logique, abstraite, elle n'est pas une espèce ; mais c'est une forme réelle, concrète, qui confère dès lors tant l'unité individuelle que l'unité spécifique. **M.** Mielle lui-même n'a-t-il pas insisté sur cette persévérance de la forme dans l'individu, alors que la matière change incessamment et que l'on voit se renouveler toutes ses molécules ? L'unité individuelle vient donc de la forme substantielle plutôt que de la matière. Celle-ci est toute indéterminée, toute potentielle de sa nature, au dire des thomistes du moins : comment donc pourrait-elle individualiser, c'est-à dire donner la dernière détermination, le dernier acte, qui place l'être réel à tel degré précis dans l'échelle des existences ?

Il est vrai qu'on ajoute que la matière n'individualise qu'autant qu'elle est marquée par la quantité : *signata quantitate.* — Mais d'abord on avoue que le principe d'individuation doit être cherché en définitive dans la quantité plutôt que dans la matière même. Et puis la quantité n'est qu'un accident ; or il serait absurde de placer dans un accident le principe d'individuation, c'est-à-dire le dernier pourquoi ou le dernier caractère distinctif de l'individu. Certes ce n'est point par des accidents seulement (à moins qu'on ne parle que des accidents logiques) que Pierre par exemple se distingue de Paul. — On réplique aussitôt qu'il s'agit ici d'une quantité radicale, qui tient à l'essence même de la matière. — Vaine réplique, semble-t-il : cette quantité même radicale est une quantité ou elle ne l'est pas ; or si elle est une quantité, elle n'est qu'un accident. Qu'on ajoute, si on le veut, que la quantité considérée ici est une propriété distinctive, caractéristique. Mais la propriété essentielle, qui peut bien caractériser l'essence dans l'ordre logique, n'est qu'un accident dans l'ordre métaphysique : ainsi la raison qui caractérise l'homme dans l'ordre logique n'est qu'un accident, une faculté dans l'ordre métaphysique. Elle suppose donc une différence plus intime dans les choses. Et puis cette quantité ne peut pas mieux suffire par elle-même à individualiser les choses que la matière à laquelle on lui fait porter secours. Car elle est indéterminée de sa nature comme la matière ; elle est un principe de divisibilité plutôt qu'un principe d'unité. Si elle devient une et caractéristique, c'est par la figure, c'est-à-dire en définitive par la forme substantielle à laquelle la figure se rattache directement.

Que conclure parmi ces difficultés inextricables ? Peut-être vaut-il mieux se borner à dire que la matière et la forme s'individualisent réciproquement sous différents rapports : la forme détermine la matière et celle-ci, à son tour, limite la forme qu'elle reçoit. Ainsi, dans l'être humain, l'âme détermine la matière à être un corps humain avec tous ses organes essentiels ; mais le corps, à son tour, donne à l'âme d'avoir telles qualités précises de sensibilité, de sentiment, etc., d'où résulte telle nature individuelle fondamentale. Je dis *fondamentale ;* car il faut la chercher cette nature par delà les accidents, les qualités plus ou moins accessoires ou survenues postérieurement qu'a développées l'influence du milieu, de l'éducation, et surtout le choix du libre arbitre. L'individualité fait que chaque homme occupe de cette manière un point précis dans l'espèce humaine, dans le règne humain, et qu'il réalise une des *virtualités,* indéfinies en nombre, de la nature humaine. C'est cette fécondité d'une richesse inépuisable, qui fait du genre humain un monde toujours nouveau ; ses variétés et ses merveilles sont bien supérieures à celles des règnes de la nature et ne le cèdent qu'à celles du monde spirituel auquel participent déjà les âmes, en tant qu'elles sont esprits.

Cette individuation réciproque de la matière et de la forme, du corps et de l'âme dans l'homme en particulier, nous la comparerions volontiers à la détermination d'un point sur une surface au moyen de deux lignes qui s'entre-croisent. Chacune de ces lignes renferme une infinité de points possibles, de même que la matière et la forme considérées isolément peuvent constituer une infinité d'individus. Mais, en se croisant, les deux lignes déterminent un point précis. De même la matière et la forme, en se combinant, déterminent un individu parmi tous les individus possibles, dont le nombre est indéfini.

Mais c'est trop insister ici peut-être sur un sujet qui exercera toujours la subtilité des métaphysiciens, de même que la sagacité des moralistes. Hâtons-nous de conclure en félicitant l'auteur de la thèse qui, on le voit par ces exemples, n'a décliné aucune des difficultés redoutables (disons même insolubles à certains égards) de son vaste sujet. Son livre est un véritable traité sur la matière et la forme : largement conçu et savamment exécuté, il sera lu avec fruit par les étudiants et aussi par les maîtres. Il mérite d'entrer dans ces bibliothèques sérieuses, formées de livres bien choisis parmi les anciens et parmi les nouveaux, qu'il est si utile de créer et d'entretenir dans les presbytères et surtout dans les séminaires. Il contribuera pour sa part à réveiller le goût des fortes études et à développer la connaissance de la philosophie scolastique et chrétienne.

Elie BLANC.

Lyon. — Imprimerie Emmanuel Vitte, rue Condé, 30

# DE

# SUBSTANTIÆ CORPORALIS

## VI ET RATIONE

*Secundum Aristotelis doctorumque*
*scholasticorum sententiam.*

---

## DISSERTATIO METAPHYSICA

QUAM

APUD FACULTATEM THEOLOGICAM LUGDUNENSEM

PROPUGNABAT

### *Paulus* MIELLE

PHILOSOPHIÆ, S. THEOLOGIÆ JURISQUE CANONOCI LICENTIATUS

IN SEMINARIO CLERICORUM LINGONENSI

PHILOSOPHIÆ PROFESSOR

---

LINGONIS

EX TYPIS RALLET-BIDEAUD

—

1894